Nesrin Şalvarcı Türeli
Mehmet Dinç

Atribuição causal

Nesrin Şalvarcı Türeli
Mehmet Dinç

Atribuição causal

ScienciaScripts

Nesrin SALVARCI TURELI nasceu em Isparta em 1972. Licenciou-se na Faculdade de Economia e Ciências Administrativas da Universidade de Anadolu, em 1993. Concluiu o mestrado e o doutoramento em Administração de Empresas na Universidade Suleyman Demirel.

Na Universidade Suleyman Demirel, leccionou gestão e organização, técnicas de gestão contemporâneas, cursos gerais de gestão e empreendedorismo. Desenvolveu a sua experiência de gestão académica através do desempenho de funções administrativas, como chefe de departamento e assistente de direção. Tem artigos publicados em revistas académicas no domínio da gestão e da organização, que é uma área de especialização.

Áreas de Investigação: Gestão e Organização, Empreendedorismo, Empresas de Serviços, Mulheres na Vida Empresarial.

Mehmet DINC nasceu em Marmaris em 1977. Licenciou-se na Universidade Suleyman Demirel, na Faculdade de Economia e Ciências Administrativas, Departamento de Administração Pública, em 1998. Concluiu o mestrado em Administração Pública na Universidade Suleyman Demirel.

Recebeu o seu doutoramento. em Gestão e Organização Empresarial pela Universidade de Suleyman Demirel.

Os seus interesses científicos incluem a gestão, o comportamento organizacional, a comunicação e a perceção interculturais, a psicologia social, a personalidade, a cultura e o desporto. Atualmente, lecciona Gestão, Gestão e Gestão do Capital Intelectual na Universidade de Suleyman Demirel e é autor de muitas publicações.

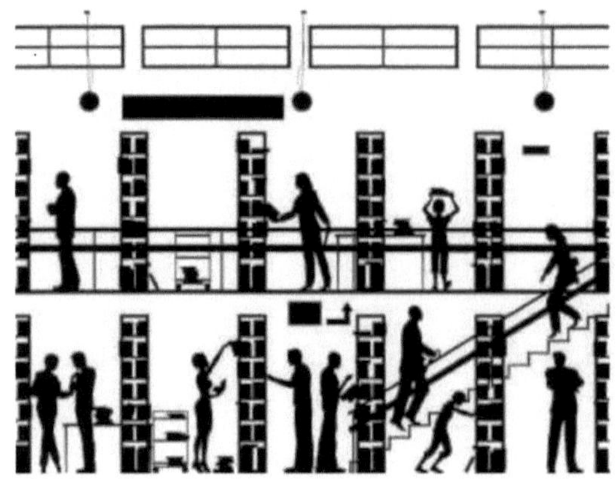

ÍNDICE DE CONTEÚDOS

Resumo

ATRIBUIÇÕES CAUSAIS ORIENTADAS PARA O SUCESSO E PARA O INSUCESSO DOS ALUNOS DE LICENCIATURA E DE MESTRADO EM GESTÃO DE EMPRESAS NO CURSO DE GESTÃO FINANCEIRA: UMA INVESTIGAÇÃO SOBRE O SULEYMAN UNIVERSIDADE DEMIREL

A teoria da atribuição representa um dos métodos cognitivos associados ao desempenho académico e examina a perceção da causalidade ou o juízo sobre a razão pela qual um determinado acontecimento teve lugar. O estilo de atribuição é uma variável cognitiva da personalidade que mostra a forma como os indivíduos utilizam as suas experiências de vida para explicar as causas dos fracassos e dos sucessos. Este estilo de atribuição é considerado um dos indicadores mais importantes do desempenho académico. O objetivo deste estudo é investigar as diferenças nas atribuições que os alunos aprovados e reprovados do curso de licenciatura em gestão de empresas e os alunos da licenciatura em gestão de empresas atribuíram ao seu desempenho na disciplina de gestão financeira. Os participantes (n=230) preencheram a Escala de Dimensões Causais (CDSII) e questões de caraterísticas demográficas. Para os dados obtidos, foi implementada análise fatorial, One-Way ANOVA e análise do qui-quadrado de Pearson. Na sequência dos dados quantitativos, a comparação dos grupos de aprovação e reprovação entre os estudantes de licenciatura e associados e as suas atribuições revelou significância estatística em subdimensões como locus de causalidade, estabilidade e controlabilidade pessoal. Os resultados do estudo foram discutidos com base nas políticas de ensino de gestão para associados e licenciados e foram apresentadas algumas sugestões.

Palavras Chave: *Teoria da Atribuição, Estilo de Atribuição Causal, Personalidade Cognitiva, Licenciatura e Bacharelato em Gestão, Sucesso e Insucesso Académico*

1. INTRODUÇÃO

A motivação constitui um dos factores importantes que determinam a continuidade da participação em cursos e a capacidade de produzir resultados significativos dos alunos em ambientes educativos. Uma motivação nesta direção permite a continuação do interesse dos alunos pelo curso sem diminuir. A forma de diminuir os problemas disciplinares e de eliminar as dificuldades de aprendizagem e as inadequações nos ambientes escolares e nas salas de aula baseia-se na proteção da existência da motivação. Quando o assunto é abordado em termos de teorias de aprendizagem focadas em revelar o que significa motivação e como ela mostra diversidade, a "teoria da atribuição" representa a primeira teoria que vem à mente entre as teorias que são frequentemente expressas em estudos orientados para a motivação (Sucuoglu, 2014:326).

A teoria da atribuição é um conceito relativamente revisto como tema da psicologia social e que atrai a atenção de muitos investigadores de diferentes disciplinas. Este conceito, que foi examinado em primeiro lugar na psicologia do desporto e, em segundo lugar, nas disciplinas de ensino de línguas, começou a ser discutido no âmbito de muitas disciplinas, como a psicologia cognitiva e a psicologia organizacional, nos últimos anos. A teoria da atribuição tenta identificar e explicar os processos mentais e comunicativos que visam explicações sobre os acontecimentos da vida quotidiana dos indivíduos, especialmente sobre acontecimentos individuais e sociais (Manusov e Spitzberg, 2008:37). Explica a forma como os indivíduos vêem os comportamentos de si próprios e dos outros à sua volta (Weiner, 2010:557). Também se refere a causas percebidas para a realização de operações de seleção e configuração dos eventos na vida dos indivíduos. Estas causas também têm o poder de influenciar as acções futuras de uma pessoa a partir dos seus acontecimentos passados (Weiner, 1979:6).

Na literatura sobre a teoria da atribuição, sabe-se que tem havido relativamente muitos estudos que enfatizam que existe uma relação entre as explicações dos alunos para as causas do seu desempenho académico e os seus resultados académicos de períodos anteriores para os períodos recentes (Griffin et al, 1983:259-266; Cortes-Suarez e Sandiford, 2008:325-346; Besimoglu, Serdar e Yavuz, 2010:75-89; Kizgin e Dalgin, 2012:61-77; Asunakutlu e Şahin, 2014:191-203; Maidinsah, Embong e Wahab, 2014:763-768; Mijs, 2016:1-17). Nestes estudos, foi enfatizado que a teoria da atribuição influenciava as crenças dos estudantes sobre as razões pelas quais são bem-sucedidos e falham em tarefas baseadas na realização e que tipo de reacções dão nestas situações. De acordo com Weiner (2010: 34), a estrutura profunda da teoria da atribuição resulta do facto de o pensamento conduzir a sentimentos que guiarão a ação. Em contextos que requerem a realização, este entendimento manifesta-se como um importante fator de pensamento causal dos resultados de realização do período anterior que determina os sentimentos do aluno e os seus comportamentos de aprendizagem no período seguinte.

A teoria da atribuição utiliza três sequências de caraterísticas para explicar o sucesso e o insucesso académicos. Em primeiro lugar, a causa do sucesso e do insucesso pode ser interna ou externa. Por outras palavras, os estudantes podem ser bem sucedidos ou fracassar devido a razões relacionadas com caraterísticas que sentem (como os seus traços de personalidade, humor, atitudes, capacidades ou esforços) ou devido a razões relacionadas com caraterísticas externas e que os rodeiam (como as acções de outras pessoas, as condições ambientais, a dificuldade do trabalho ou a sorte). Em segundo lugar, a causa do sucesso ou do insucesso pode ser estável ou variável. Se a causa for estável e o aluno também apresentar o mesmo comportamento noutro período de tempo, o resultado será provavelmente o mesmo. Se a causa for variável, o resultado será provavelmente diferente noutro período de tempo. Em terceiro lugar, a causa do sucesso ou do insucesso pode ser controlável ou incontrolável. Enquanto os alunos acreditam que as pessoas podem ser mudadas como quiserem no fator controlável, os alunos não acreditam que possam mudar facilmente no fator incontrolável (Weiner, 1985:551-552; Weiner, 2010:559).

De acordo com Weiner (1977:506; Weiner, 2010:3132), as causas gerais e comuns do sucesso e do insucesso são constituídas por quatro categorias de atribuição (capacidade, dificuldade da tarefa, esforço e sorte). Estas quatro categorias podem ser reunidas em duas dimensões: interna (capacidade, esforço) contra externa (dificuldade da tarefa, sorte); estabilidade (capacidade, dificuldade da tarefa) contra variável (esforço, sorte). Os estudantes atribuem geralmente mais a factores internos quando têm melhores resultados académicos. Preferem ainda mais os factores externos quando são mais fracos em termos de desempenho académico. Weiner (2008:154) também argumentou que a investigação sobre a atribuição atraiu fortemente a atenção para as respostas que os estudantes dão quando obtêm as suas notas em exames ou testes em ambientes de sala de aula.

2. TEORIA E LITERATURA

2.1. Teoria da Atribuição

A teoria da atribuição examina a perceção da causalidade ou o julgamento do motivo pelo qual um determinado evento ocorreu. O posicionamento da causa ou da responsabilidade orienta o comportamento seguinte do indivíduo (Feeny e Wang, 2010:58). Os comportamentos de outras pessoas com quem o indivíduo partilha o ambiente de interação ou mesmo as suas tentativas de encontrar resposta para a pergunta "porquê" em termos das suas próprias atribuições também representam a teoria da atribuição. Concentrar-se na forma como os indivíduos fazem inferências causais, no tipo de inferências que fazem e nos resultados dessas inferências também está associado à teoria da atribuição (Folkes, 1988:548).

A teoria da atribuição sugere as seguintes três dimensões de atribuição para a inferência causal que os indivíduos escolhem para explicar as causas dos acontecimentos que viveram: locus, estabilidade e controlabilidade. A dimensão do locus refere-se ao facto de a causa de uma ação estar localizada dentro ou fora do ator. Este posicionamento interno e externo descreve as dimensões interna e externa, respetivamente. A dimensão da estabilidade indica se as causas de um acontecimento são temporárias, mutáveis e flutuantes ou se são duradouras e estáveis, sem flutuações. A dimensão da controlabilidade refere-se à responsabilidade pessoal pela causa de um acontecimento ou se uma causa é compatível com o impacto volitivo da própria pessoa (Weiner, 1985:551).

O ser humano tem necessidade e está empenhado em explicar as experiências que viveu, em procurar, estabelecer e testar essas explicações. Sente-se compelido a dar sentido ao mundo onde vive e ao que se passa à sua volta, de modo a poder adaptar-se a ele e agir apenas dessa forma. Caso contrário, a pessoa sente-se vazia, tem um desconforto psicológico e acaba por perturbar a sua conformidade harmoniosa com o mundo (Arkonag, 1998:124). Assim, a teoria da atribuição funciona no contexto da interpretação perceptiva e centra-se em;

• compreender as causas de um determinado acontecimento,

• avaliar as responsabilidades dos resultados deste evento

• os esforços das pessoas, que estão envolvidas neste evento, para avaliar as suas caraterísticas pessoais (Shermerhorn et al., 1997:79).

Com as atribuições, que são conhecidas como as causas utilizadas pelas pessoas para explicar as relações de causa e efeito, os indivíduos desenvolvem uma compreensão que podem utilizar nas suas situações futuras e esta compreensão também lhes dá a oportunidade de controlar as suas vidas (Rees, Ingledew e Hardy, 2003:190). Desenvolveu-se uma compreensão do facto de que as atribuições não são as causas reais de determinados acontecimentos e que esses acontecimentos têm causas percebidas (Arkonag, 1998:128).

Nos últimos anos, alguns investigadores contribuíram para a teoria da atribuição, tanto quanto as suas opiniões. Em primeiro lugar, Fritz Heider (1958) é o primeiro psicólogo social que examinou o tipo de método que as pessoas seguem para explicar os comportamentos dos outros. Heider acreditava que cada ser humano tem uma teoria geral que utiliza para explicar o comportamento e chamou-lhe psicologia ingénua (Kagitgiba§i, 2006:228). Heider tentou examinar os processos pelos quais as pessoas compreendem os seus próprios comportamentos e os comportamentos de outras pessoas com as teorias psicológicas ingénuas ou de senso comum que estabeleceram.

Ao concetualizar a forma como os indivíduos chegam às causas resultantes, Heider sugeriu as três propostas seguintes sobre o processo de atribuição no seu estudo intitulado "Psicologia das Relações Interpessoais":

• Para explicar o comportamento de uma pessoa, é necessário compreender a forma como essa pessoa percepciona e define o seu ambiente.

• As pessoas procuram um ambiente estável e previsível onde possam aumentar o seu controlo sobre o seu ambiente,

• Mesmo que os objectos percebidos ou o processo das pessoas sejam semelhantes, as disposições pessoais afectam o comportamento idiossincrático (Biddle, Hanrahan e Sellers, 1998: 447-471).

Jones e Davis (1965) desenvolveram a "Teoria da Inferência Correspondente" (Inferences Correspondding to Each Other), com base na teoria de Heider. Esta teoria centrou-se nos processos psicológicos em que as pessoas fazem julgamentos sobre as disposições e intenções pessoais de outras pessoas, como resultado da observação das acções de outras pessoas (Rees, Ingledew e Hardy, 2005:190). De acordo com estas duas investigações, as pessoas querem concluir se os comportamentos das outras pessoas estão de acordo com as suas caraterísticas de personalidade. Por outras palavras, o conceito principal desta teoria é fazer uma inferência de que o comportamento de uma pessoa é causado pela sua personalidade (KagitQiba§i, 2006:230).

Kelly (1967) analisou os processos de atribuição interna e externa com base em múltiplos pontos de observação e pormenores e criou a "Teoria da Covariação". As pessoas que observam que uma variável muda com outra variável em diferentes ambientes podem chegar a um julgamento de causalidade. Nalguns casos, se não houver qualquer alteração ao nível distintivo entre uma determinada causa e um determinado comportamento, não é possível identificar a causa desse comportamento. Kelley chamou a esta situação o princípio de "não fazer uma inferência" (KagitQiba§i, 2006:231).

Kelley sugeriu que as pessoas escolhem as causas de entre três categorias diferentes para explicar qualquer acontecimento. As pessoas procuram as causas no tratador, no estímulo ou numa determinada condição ou circunstância. Kelley defendeu que as atribuições são função de três factores informativos que mudam com o comportamento: consenso, consistência e clareza.

Weiner et al. alargaram a teoria das atribuições estabelecida por Heider e desenvolveram o "Achievement Motivation Model". Este modelo, que foi reorganizado por alguns investigadores nos anos posteriores, centrou-se nas questões que (Hanrahan, 1995:125) causam as atribuições;

a) são afectados pelos resultados (por exemplo, vitória e derrota no desporto, aprovação e reprovação em ambientes educativos) e

b) também têm um efeito sobre os comportamentos futuros (porque as atribuições causais influenciam a escolha, a intensidade e a persistência dos comportamentos) (Foll, Rascle e Higgins, 2006: 587).

Por outras palavras, este modelo lida com as explicações causais que estes indivíduos apresentam para as consequências dos seus próprios comportamentos. Por conseguinte, as atribuições causais que os indivíduos desenvolvem em relação aos seus sucessos ou fracassos afectarão as suas expectativas futuras, as suas emoções e, eventualmente, os seus comportamentos. Weiner, que seguiu os passos de Heider, afirmou que existem quatro factores causais que podem ser generalizados a todas as tarefas de realização. Estes factores causais são a capacidade pessoal, o esforço pessoal, a dificuldade da tarefa e a sorte. Weiner também examinou estas quatro causas percebidas de sucesso e fracasso nas duas dimensões causais seguintes:

• Locus de controlo; um conceito relacionado com as atribuições internas da pessoa, incluindo a capacidade e o esforço, e as atribuições externas da pessoa, incluindo a sorte e a dificuldade do trabalho.

• Permanência; a ideia de que as atribuições são permanentes e contínuas num período de tempo ou não permanentes e mutáveis num período de tempo (Hanrahan, 1995:125-126).

Uma atribuição interna indica que o indivíduo se considera a si próprio como a causa do resultado. Uma atribuição externa implica que o indivíduo atribui o resultado a caraterísticas do ambiente externo. As atribuições de capacidade e esforço são conhecidas como internas. Por exemplo, nos casos em que uma pessoa chega atrasada ao trabalho, se explicar que está atrasada devido ao facto de não ter acertado o relógio, isto é classificado como uma atribuição interna (Martinko e Thompson, 1998:274). No entanto, Weiner et al. sugeriram que alguns factores das dimensões interna e externa podem mudar e outros persistem constantemente. Por exemplo, enquanto a capacidade, uma das causas internas, é contínua, o esforço é muito mais variável. A dificuldade do trabalho, que está incluída nas causas externas, é estável, enquanto a sorte é uma causa externa variável. Estes quatro tipos de atribuições, que também podem ser vistos no Quadro 1, tornaram-se os factores designados por Weiner como a "dimensão de permanência da causalidade" e são também aceites como os principais factores de atribuição pelos investigadores que realizam estudos sobre as atribuições de realização.

Tabela 1. Modelo bidimensional de atribuição de Weiner

	Permanent	Changeable
Internal	Ability	Effort
External	Difficulty of the Job	Luck

FONTE: HANRAHAN, Stephanie. (1995).

"AttributionTheory" in **Sport Psychology: Theory, Applications and Issues,** (Eds.) Tonny Morris e JeffSummers, Wiley. s.126

Weiner desenvolveu uma terceira dimensão de causalidade em 1979. Defendeu, por exemplo, que o esforço temporário é interno e mutável. No entanto, o esforço depende do controlo volitivo. Por outro lado, o humor e a fadiga são internos e mutáveis e não podem ser controlados por Weiner. Neste caso, Weiner classificou esta dimensão como controlabilidade (Tabela 1).

Como se pode ver no quadro, Weiner integrou 3 dimensões que consistem em locus, permanência e controlabilidade num modelo de atribuição causal utilizado na motivação para a realização. Segundo o autor, estas três dimensões constituem a base das atribuições causais ao resultado da realização relacionado com o sucesso e o fracasso. A dimensão do locus está relacionada com o facto de um indivíduo atribuir o seu desempenho a factores internos ou externos e com o facto de ter alterado os seus sentimentos relacionados com a autoestima, como o orgulho e a vergonha. A dimensão da permanência indica se a causa vai mudar e se tem uma forte relação com as expectativas de sucesso ou insucesso seguintes. A dimensão da controlabilidade significa se uma pessoa tem controlo sobre os resultados.

No seu estudo seguinte, Weiner também melhorou este modelo de atribuição tridimensional como a teoria da atribuição da motivação e do sentido de realização. O julgamento que ele sugeriu com esta teoria é que a perceção da causa da permanência afecta a expetativa futura de sucesso e todas estas três dimensões têm um impacto em muitos sentimentos (Weiner, 1985:548-573). Uma pessoa que não teve sucesso e que atribuiu o seu fracasso a causas permanentes também espera fracassar no futuro. Uma pessoa que é bem sucedida e que atribui o seu sucesso a causas permanentes também espera ter sucesso no futuro. Uma pessoa que não teve sucesso e que atribuiu o seu fracasso a causas mutáveis espera que o sucesso seja possível no futuro. Uma pessoa que é bem sucedida, mas que atribuiu o seu sucesso a causas mutáveis, também espera que venha a ter um fracasso no futuro (Weiner, 1985:559). Esta expetativa de sucesso futuro determinará se uma pessoa optará por continuar a participar num determinado emprego (Quadro 2).

Tabela 2. Atribuições e expetativa de sucesso

RESULT	PERMANENCE OF ATTRIBUTION	FUTURE SUCCESS EXPECTATION
Success	Permanent	Success
Success	Changes	Success and failure
Failure	Permanent	Failure
Failure	Changes	Success and failure

FONTE: HANRAHAN, Stephanie. (1995). "Attribution Theory" in **Sport Psychology: Theory, Applications and Issues,** (Eds.) Tonny Morris e Jeff Summers, Wiley. s.128

De acordo com Weiner (1985), uma dimensão causal ou atribuições também desempenham um papel importante nas respostas emocionais dos indivíduos, o que, por sua vez, afecta o seu comportamento de sucesso (Figura 1). Cada dimensão causal corresponde a uma série de sentimentos. Por exemplo, uma consequência percebida com base em causas internas, como a capacidade ou o esforço, pode aumentar ou diminuir a autoestima ou o valor próprio. Um resultado bem sucedido atribuído à própria pessoa tem mais probabilidades de gerar autoestima do que um resultado atribuído externamente. Pelo contrário, o insucesso atribuído à falta de capacidade gera menos autoestima do que o insucesso atribuído à má sorte. Em caso de insucesso, as pessoas sentem-se culpadas, arrependidas ou desesperadas quando se culpam a si próprias, e sentem surpresa ou hostilidade quando exteriorizam os seus fracassos (Weiner, 1985:561-563).

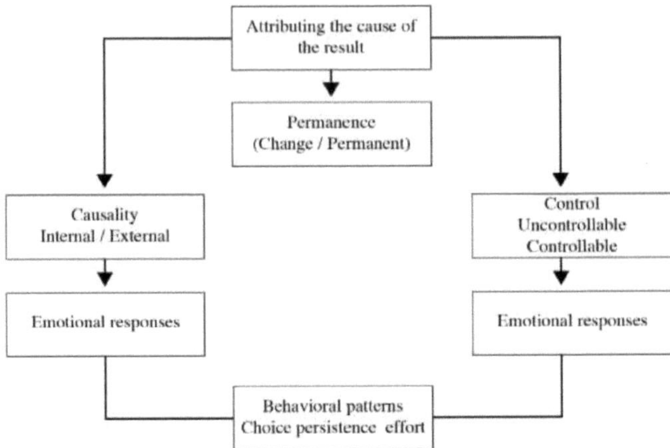

Figura 1. O Processo Atribucional Adaptado do Desporto ao Sucesso Académico. Adaptado de Weiner (1986)

FONTE: DUDA, J.L. ve TREASURE, D.C. (2001). "Toward Optimal Motivation in Sport: Fostering Athletes' Competence and Sense of Control". Em J.M Williams (Ed.). **Applied Sport Psychology: Personal Growth to Peak Performance**, 4. Edição, (pp. 43-64), Mountain View: CA; Mayfield Publishing, s. 47.

As emoções que os estudantes sentem durante os ambientes relacionados com a realização académica (por exemplo, os estados de aprovação ou reprovação no curso) desempenham um papel importante em termos de si próprios e de acontecimentos interpessoais. A Figura 2 apresenta uma descrição da teoria atribucional da emoção de Weiner.

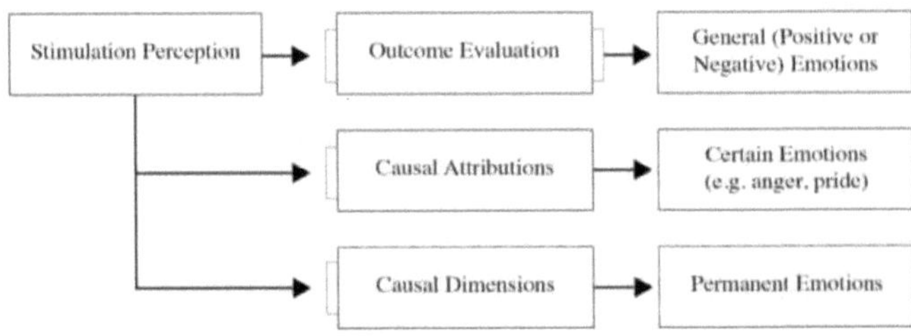

Figura 2. Teoria de Atribuição das Emoções de Weiner

FONTE: VALLERAND, R. J. ve BLANCHARD, C. M. (2000) O Estudo da Emoção no Desporto e no Exercício: Perspectivas Históricas, Definicionais e Conceptuais. **Emotions in Sport** iginde, Y. L. Hanin (Editor), PP: 3-37), Champaign,

IL: Human Kinetics, s.12.

O modelo de Weiner consiste em três tipos de fontes emocionais: avaliação do resultado, atribuições causais e dimensões causais. Weiner (1985:561) sugeriu que a resposta emocional de qualquer pessoa a um resultado se baseia na perceção do sucesso, o evento que constitui as emoções relacionadas com o resultado (como a felicidade após o sucesso e a vergonha após o fracasso). Estas são emoções súbitas que se pensa serem as mais fortes. As atribuições causais relacionadas com o resultado conduzem a emoções mais precisas. As dimensões causais (como o locus, a permanência e o controlo) medeiam as emoções de longa duração e provocam determinadas atribuições para cada dimensão. Por exemplo, de acordo com a teoria de Weiner, um estudante que tenha passado num curso ou exame difícil e importante do ponto de vista educativo sentir-se-á "bem", atribuirá esse resultado à sua capacidade e experimentará o sentimento de orgulho e capacidade. Os factores internos deste estudante tornar-se-ão mesmo fortes e os seus sentimentos pessoais de autoestima aumentarão. De acordo com Weiner, a dimensão da causalidade mostra o seu efeito sobretudo nas expectativas sobre acontecimentos futuros, enquanto as dimensões do locus de causalidade e do controlo afectam as reacções emocionais de resposta rápida. Assim, as atribuições causais afectam as emoções e as reacções emocionais afectam os comportamentos motivacionais.

Weiner (1985:561-564) argumentou que as dimensões causais como o locus de causalidade, a estabilidade e a controlabilidade estão associadas a respostas emocionais como o orgulho, a raiva, a pena, o crime e a vergonha, a gratidão e o desespero. De acordo com o entendimento atual, pensa-se que as respostas emocionais são compostas por três componentes que consistem em respostas psicológicas, comportamentais e cognitivas.

2.2. Estudos sobre a atribuição de sucesso e insucesso

Foram realizados muitos estudos concebidos de acordo com métodos empíricos, experimentais e qualitativos, que se centraram na forma como os estudantes explicam e atribuem as causas orientadas para o sucesso e o insucesso em casos de sucesso e desempenho académicos. Estes estudos relacionados com o rendimento académico ocuparam o seu lugar na literatura nacional e internacional e privilegiaram a aprovação ou reprovação em disciplinas como a matemática, a álgebra, a língua estrangeira, a biologia e a contabilidade. Os estudos efectuados desde os últimos anos até hoje são resumidos a seguir.

Griffin et al. (1983:259-266) conceberam dois constructos separados, constituídos por 114 estudantes (os que frequentavam cursos de matemática e de introdução à psicologia a nível universitário) e estudantes universitários que frequentavam o curso de matemática do quarto ano, para examinar as atribuições orientadas para o sucesso em ambientes alargados orientados para o ego e para descobrir as atribuições que os estudantes escolhem para o seu desempenho em cursos académicos. Como resultado de ambas as experiências, foi determinado que o esforço era o fator mais dominante e a sorte era relativamente o fator menos significativo. Determinou que os estudantes bem sucedidos atribuíam o seu desempenho académico ao esforço e à capacidade, em comparação com os estudantes mal sucedidos.

Putnam (1985) tinha como objetivo determinar a forma como os estudantes que se iam formar avaliavam o seu desempenho académico passado e que tipo de diferença existia entre as suas atribuições, tendo analisado os dados obtidos de 1083 estudantes. No final da investigação, o investigador verificou que os estudantes com baixo nível de aproveitamento seleccionavam sobretudo a atribuição externa em comparação com os estudantes com alto nível de aproveitamento e que os estudantes com alto aproveitamento consideravam os factores internos como a causa do seu aproveitamento.

Gulveren (1996) forneceu feedback de 208 estudantes do ensino secundário para descobrir as causas do insucesso e do sucesso dos estudantes em matemática. Como resultado do estudo, em que o sucesso e o insucesso foram determinados através das notas do boletim escolar, os alunos afirmaram que o seu insucesso na disciplina de matemática se devia ao fator "falta de esforço e sorte". Os alunos bem sucedidos acreditavam que a capacidade não era suficiente para o sucesso, enquanto os alunos mal sucedidos acreditavam que a capacidade era suficiente para o sucesso. Os alunos com sucesso e sem sucesso atribuíram os seus êxitos especiais em matemática à "sorte".

Cortes-Suarez e Sandiford (2008:325-346) examinaram a relação entre a teoria da atribuição e o desempenho académico com base nas diferenças entre os alunos aprovados e reprovados no curso de álgebra no que se refere às atribuições para o desempenho nesse curso. Selecionaram 410 estudantes universitários de uma grande universidade do sul da Flórida como participantes e preferiram a Escala de Dimensão Causal-II. Como resultado do estudo, foi encontrada uma diferença significativa entre as atribuições dos alunos que passaram e que chumbaram no teste de álgebra em termos das "dimensões de "locus de causalidade, permanência e controlabilidade pessoal".

Besimoglu, Serdar e Yavuz (2010:75-89) obtiveram dados de 240 estudantes universitários inscritos numa aula preparatória de inglês antes da licenciatura no contexto da teoria fundamentada para determinar as atribuições de sucesso e insucesso na aprendizagem do inglês. Como resultado do seu estudo, os investigadores determinaram que as atribuições mais mencionadas entre 300 afirmações que expressavam sucesso eram a estratégia (interna), o interesse (interno), o esforço (interno) e o professor (externo), respetivamente, e que 267 e 24 das 300 afirmações orientadas para o sucesso consistiam em atribuições internas e externas, respetivamente. Verificaram que os alunos utilizaram 274 afirmações para o insucesso e que as afirmações mais mencionadas foram a falta de estratégia (interna), o esforço insuficiente (interno) e a falta de capacidade (interna), respetivamente.

Kizgin e Dalgin (2012:61-77) realizaram um inquérito de campo através de 384 estudantes selecionados por amostragem por quotas para determinar a que factores de "sorte, esforço, dificuldade e capacidade" os estudantes do ensino secundário profissional de uma universidade pública na Turquia atribuíam o seu sucesso e os seus fracassos. De acordo com os resultados do estudo, os estudantes associados preferiram sobretudo o fator "dificuldade" em caso de insucesso, ao passo que o fator "capacidade" foi o que menos se destacou. Em caso de sucesso, os mesmos estudantes interessaram-se sobretudo pelo fator "esforço" e, no mínimo, pelo fator "dificuldade".

Genet (2013:2226-2229) examinou as atribuições de estudantes universitários que preferiam de acordo com os seus resultados académicos e concebeu um estudo quantitativo sobre 104 estudantes universitários do segundo ano através da "Escala de Dimensão Causal Múltipla". Como resultado do estudo, Genet verificou que os estudantes atribuíam os seus êxitos académicos a factores internos e os seus fracassos académicos a factores externos. Foi determinado que os estudantes com sucesso elevado e médio atribuíam os seus sucessos académicos ao fator "esforço e capacidade" e que os estudantes com baixo sucesso académico atribuíam os seus sucessos e insucessos académicos ao fator "sorte".

Asunakutlu e §ahin (2014:191-203) realizaram uma investigação quantitativa, selecionando 52 estudantes voluntários como participantes, com a ajuda do método de amostragem intencional, para determinar se o género, a personalidade e a familiaridade causavam diferenciação na atribuição e se ocorria o erro de atribuição básico e o enviesamento de atribuição em causa própria. Como resultado da investigação, determinaram que os estudantes cometeram um erro de atribuição básico, atribuíram o sucesso a causas internas, cometeram um erro de atribuição em benefício próprio em caso de fracasso e atribuíram este erro à "dificuldade do trabalho".

Maidinsah, Embong e Wahab (2014:763-768) conceberam um estudo para avaliar a que principais factores de atribuição causal os estudantes, que não conseguiram obter o direito de entrar em qualquer curso de licenciatura no âmbito do programa de serviço social na Malásia, atribuíram o seu sucesso e insucesso no curso de matemática, com base na teoria de atribuição de Weiner e nas variáveis de realização matemática. Selecionaram como participantes 482 alunos matriculados no primeiro semestre e a estudar no departamento de comércio pré-graduado em cinco campi distintos. Como resultado da investigação, os estudantes referiram que o fator mais importante que afectava a aprovação e o insucesso na disciplina de matemática era o fator "esforço", seguido do ambiente (professores), da dificuldade do problema e das capacidades.

Greimel-Fuhrmann (2015:2283-2287) realizou uma investigação na qual foram fornecidos feedbacks de 2.121 estudantes de 24 universidades profissionais na Áustria, a fim de examinar as atribuições causais dos estudantes para o sucesso da aprendizagem nas aulas de contabilidade. Como resultado da investigação, o investigador determinou que a atribuição mais dominante dos alunos para os bons e maus resultados dos exames no curso de contabilidade era o fator "esforço e falta de esforço", que atribuíam os maus resultados dos exames à falta de esforço e à dificuldade do trabalho, e que a diferença mais importante em termos de alunos bem e mal sucedidos se devia ao fator "falta de capacidade".

Em seu estudo, Solar (2015:31-49) teve como objetivo revelar as atribuições de alunos de 3rd e 4th séries matriculados no departamento de biologia da faculdade de educação de uma universidade estadual para o seu desempenho académico. Para tanto, foi aplicado um questionário a vinte e três alunos de biologia do 3rd ano e vinte do 4th ano, e o desempenho académico dos alunos foi medido por meio de provas, projetos, apostilas e experimentos laboratoriais. Como resultado do estudo, o investigador determinou que os alunos do 3rd ano atribuíam maioritariamente o seu desempenho académico ao fator "esforço" em todos os níveis e que não havia diferença entre as atribuições orientadas para o desempenho académico entre os alunos do 3rd e do 4th ano, de acordo com os resultados dos testes.

Mijs (2016:1-17) examinou 128.110 alunos matriculados em escolas secundárias de 24 países diferentes com base nos dados do PISA 2012, a fim de procurar uma resposta à questão de saber como a estratificação educativa molda as explicações causais dos alunos para os seus desempenhos académicos. De acordo com os resultados obtidos através de uma escala de seis itens, verificou-se que os alunos das salas de aula formadas por alunos com capacidades mistas atribuíam os seus desempenhos em matemática aos professores ou à (má) sorte, em comparação com a sala de aula profissional e académica, e que externalizavam o fracasso. Verificou-se que os alunos do programa baseado nas capacidades interiorizaram o fracasso e atribuíram os baixos resultados do teste à sua incapacidade.

Consequentemente, os estudos acima analisados revelaram principalmente que o nível de sucesso diferia em termos dos factores que são focados na atribuição. Assim, os alunos com baixo nível de sucesso atribuíram os seus fracassos principalmente a factores externos e os alunos com alto nível de sucesso atribuíram os seus sucessos principalmente a factores internos. Tendo em conta todas estas inferências, a construção holística do estudo foi considerada adequada, tendo sido desenvolvidas as seguintes hipóteses

H1: Existe uma diferença significativa entre as atribuições de controlo pessoal que os alunos preferem quando têm insucesso ou sucesso.

H2: Existe uma diferença significativa entre as atribuições do locus de causalidade que os alunos preferem quando têm insucesso ou sucesso.

H3: Existe uma diferença significativa entre as atribuições de estabilidade que os alunos preferem quando têm insucesso ou sucesso.

H4: Existe uma diferença significativa entre as atribuições de controlo externo que os alunos preferem quando têm insucesso ou sucesso.

H5: Existe uma diferença significativa consoante o tipo de atribuições que os alunos preferem quando têm insucesso ou sucesso.

H6: Existe uma diferença significativa de acordo com os Factores Pessoais/Factores Contextuais que os alunos preferem quando reprovam ou têm sucesso.

3. MÉTODO DE INVESTIGAÇÃO

3.1 Objetivo da investigação

O principal objetivo da investigação era examinar as diferenças nos estilos de atribuição relacionados com o sucesso e o insucesso académicos. De acordo com este objetivo principal, considerou-se determinar as diferenças nas atribuições que os alunos aprovados e reprovados no programa de pós-graduação em gestão de empresas e os alunos de licenciatura do departamento de gestão de empresas atribuíram ao seu desempenho no curso de gestão financeira. Pretendeu-se também determinar a que factores de "capacidade", "esforço", "sorte", "dificuldade do curso" os alunos em causa atribuíram o seu sucesso e insucesso nas disciplinas de Gestão Financeira e Finanças Empresariais I. Para atingir este objetivo, as seguintes questões de investigação constituíram a base do estudo:

Quais são os estilos de atribuição casual que os estudantes associados e licenciados em gestão de empresas preferem quando falham ou têm sucesso?

Existe uma diferença significativa consoante os tipos de atribuições que os alunos preferem quando falham ou são bem sucedidos?

3.2. Importância da investigação

É importante determinar as dimensões da perceção causal para os cursos de Gestão Financeira e Finanças Empresariais-I com base na formação empresarial.

Revelar uma situação relacionada com a situação psicológica individual associada a conceitos educativos e ao ensino empresarial realizado no ambiente académico em que os estudantes associados e de licenciatura em gestão empresarial participam como amostra no contexto do curso e das variáveis relacionadas mostra a importância do estudo.

3.3. População e amostra da investigação

Alunos de licenciatura do 3.º ano que frequentaram o curso "Finanças Empresariais I" na Faculdade de Economia e Ciências Administrativas da Universidade Suleyman Demirel, Departamento de Gestão, no semestre de outono do Ano Letivo de 2016-2017, e 2 alunos que frequentaram o curso "Gestão Financeira" no Programa de Administração de Empresas do Departamento de Administração e Organização da Escola Profissional de Isparta constituíram a população da investigação.

O formulário do questionário foi enviado a todos os 244 estudantes de licenciatura que frequentavam a disciplina "Finanças Empresariais I" no Departamento de Administração de Empresas durante o período normal e o ano bissexto no semestre de outono do referido ano letivo. No entanto, 122 desses estudantes forneceram feedbacks numa base voluntária. O rácio de feedbacks foi de 50% de acordo com os estudantes do departamento de administração de empresas.

O formulário do questionário foi enviado a todos os 314 estudantes associados que frequentaram a disciplina de "Gestão Financeira" no Programa de Gestão Empresarial durante o período normal e o ano bissexto. No entanto, 114 destes estudantes forneceram feedbacks numa base voluntária. O rácio de feedbacks foi de 36,3% de acordo com os estudantes associados do programa de gestão de empresas.

3.4. Ferramenta de recolha de dados

A Escala de Dimensões Causais (CDS II) é um instrumento de medida desenvolvido e validado por McAuley, Duncan e Russell (1992:566-573). Esta escala inclui quatro dimensões, cada uma das quais é composta por três afirmações de perguntas; estas são Locus de causalidade, estabilidade, controlo externo e controlo pessoal. Para preencher a CDS- II, foi pedido aos participantes que escrevessem a principal causa de aprovação ou reprovação nas disciplinas de "Finanças Empresariais I" e "Gestão Financeira". De seguida, foi pedido aos alunos que classificassem as principais atribuições mais importantes no âmbito das quatro subdimensões da escala. As avaliações foram efectuadas através de uma escala de 9 pontos e sob a forma de expressões variáveis entre pontos de referência verbais em ambos os extremos (como "temporário" vs. "contínuo"). As pontuações das subdimensões foram obtidas através da soma das respostas dadas a cada uma das quatro categorias. A pontuação de cada subdimensão pode variar de 3 a 27 pontos. As pontuações mais elevadas indicam que as atribuições-referências são mais internas, mais estáveis e baseadas em mais controlo interno e mais controlo pessoal. As pontuações totais para cada subdimensão foram obtidas através da soma das respostas dos itens individuais das perguntas, da seguinte forma: Os itens da pergunta sobre o locus de causalidade são 1, 6 e 9. As perguntas relativas ao controlo externo são 5, 8 e 12. Os itens da pergunta sobre estabilidade são 3, 7 e 11. As perguntas relativas ao controlo pessoal são 2, 4 e 10.

O valor do alfa de Cronbach foi calculado para determinar se a Escala da Dimensão de Causalidade-II fornecia medidas de consistência interna. Assim, o valor de toda a escala foi determinado em 0,770. (Tabela 3)

Tabela 3: Resultado da análise de fiabilidade da Escala de Dimensão Causal

Reliability Statistics	
Cronbach's Alpha Coefficient	Number of Items
.770	12

Este valor indica que a escala é altamente fiável.

4. RESULTADOS DA INVESTIGAÇÃO E SUA AVALIAÇÃO

4.1. Conclusões relativas às caraterísticas demográficas dos participantes

Participaram no estudo 122 estudantes associados do programa de Administração de Empresas e 114 estudantes de licenciatura do departamento de Administração de Empresas. A informação sobre as caraterísticas demográficas destes estudantes é apresentada na Tabela 4.

Quadro 4: Caraterísticas demográficas dos participantes

Demographic Characteristics	Frequency	Percent	Cumulative Percent
Gender			
Female	130	**55,1**	55.1
Male	106	**44.9**	100.0
Total	236	100.0	
Marital status			
Married	7	**3.0**	3.0
Single	225	**95.3**	98.3
Other	4	**1.7**	100.0
Total	236	**100.0**	
Age			
19-21	108	**45.8**	45.8
22-34	117	**49.6**	95.3
25-27	9	**3.8**	99.2
28-30	2	**.8**	100.0
Total	236	**100.0**	
Which grade			
2nd grade	122	**51.7**	51.7
3rd grade	92	**39.0**	90.7
4th grade	22	**9.3**	100.0
Total	236	100.0	
Type of education			
Daytime education	137	**58.1**	58.1
Evening education	99	**41.9**	100.0
Total	236	**100.0**	

Quando se examinam as caraterísticas demográficas dos estudantes que participaram no estudo, (55,1%) eram do sexo feminino e (44,9%) do sexo masculino. O rácio de estudantes com idades compreendidas entre os 19 e os 24 anos era de (95,3%), enquanto o rácio de estudantes com 25 anos ou mais era de (4,7%). Quando se examinam os níveis de escolaridade de todos os estudantes que participaram no estudo, (51,7%) são estudantes do 2.º ano (todos eles são estudantes associados), (39,0%) são estudantes do 3.º ano e (9,3%) são estudantes do 4.º ano. Quanto ao tipo de ensino, (58,1%) dos estudantes frequentam o ensino diurno e (41,9%) frequentam o ensino noturno.

4.2. Conclusões relativas à análise fatorial da Escala da Dimensão de Causalidade

A análise fatorial explicativa foi realizada para testar a validade de construção da escala da dimensão causal. A (análise de componentes principais), uma das técnicas mais utilizadas na factorização, foi utilizada para determinar a estrutura dos factores. Neste método, calcula-se o primeiro fator que representa a variância máxima entre as variáveis. O segundo fator é calculado para calcular a variância máxima restante, e este processo continua desta forma (Kalayci, 2006: 321). O teste de Bartlett e a medida de adequação da amostragem de Kaiser-Meyer-Olkin (KMO) foram utilizados na avaliação da adequação do conjunto de dados para a análise fatorial na investigação. Para poder obter factores nomeáveis e interpretáveis, foi utilizada a rotação ortogonal e a "técnica varimax" no âmbito desta rotação (Buyukozturk, 2002:120). Como resultado da análise fatorial da escala da dimensão causal de 12 itens, o valor KMO foi de 0,673. Este valor é considerado suficiente para a análise fatorial (Kalayci, 2006:322).

Adequação da amostragem da Escala de Dimensão Causal e testes de conformidade para a análise fatorial

Tabela 5: Resultados dos testes de Kaiser-Meyer-Olkin e Bartlett da escala da dimensão causal

KMO and Bartlett's Test Results		
Kaiser-Meyer-Olkin Measure of Sampling Adequacy		.673
Bartlett's Sphericity Test	Approximate Chi-Square Value	2540.121
	Degree of Freedom	66
	Significance	.000

Como resultado das análises factoriais realizadas, determinou-se que a adequação da amostragem dos itens que constituem a escala da dimensão causal estava ao nível de 0,673 e que o resultado do teste de esfericidade de Bartlett era significativo (p<0,05; p: .000). Os resultados da análise fatorial para o conjunto de dados são apresentados na Tabela 6.

Tabela 6: Tabela de análise fatorial explicativa para a variável Dimensão Causal-II

Rotating Items Matrix			
Items	**Elements**		
KK_1_ can be managed by you-can not be managed by you.		**Locus Of Causality**	
KK_3_ below your power-not below your power.			
KK_2_you can organize-you cannot organize.			
NO_3_ something about you - something about the others.		.914	
NO_1_ reflects your aspect-reflects the aspect of the situation.		.909	
NO_2_ it's in your hands-it's outside of you.		.877	
S_2_ does not change over time - changes over time.			
S_1_ continuous - temporary.			
S_3_ unchangeable-changeable.			
DK_3_ other people can organize - other people cannot organize.			
DK_1_ under the control of others - not under the control of others.			
DK_2_ under the power of other people - not under the power of other people.			

A escala da Dimensão Causal foi reunida em 4 dimensões como resultado da análise fatorial realizada, tendo-se determinado que a percentagem declarada da escala era de 84,610.

Quando se examina a Tabela 7, verifica-se que o conjunto de dados é constituído por quatro dimensões, tal como na escala original. As dimensões do controlo pessoal, do locus de causalidade, da estabilidade e do controlo externo representam 24,765%, 23,560%, 20,686% e 15,600% da variância total explicada, respetivamente. O valor total da variância explicada de um total de quatro factores é de 84,610%. Quando as cargas factoriais dos itens que constituem os factores foram examinadas, verificou-se que eram superiores a 0,50. Este valor é considerado "bastante bom" por Hair et al. (1998:385). Assim, pode concluir-se que os itens foram adequadamente distribuídos pelos factores relevantes e que o pressuposto da validade de construção da escala foi verificado.

Tabela 7: Tabela da Análise Fatorial Variância Explicada Total da Escala da Dimensão Causal

Total Explained Variance			
Item s	Main Eigenvalue Values	Inference of Squared Sum of Squares	Rotation of Squared Sum of Squares

Como resultado da análise efectuada, (p>0,05; p: .086) verificou-se que a escala da Dimensão Causal apresenta uma distribuição normal.

A conformidade destes factores com a distribuição normal foi examinada pelos resultados do teste de Kolmogorov-Smirnov. Estes valores também permitiram assumir a hipótese de uma distribuição normal. Assim, também deu a oportunidade de fazer interpretações através de valores médios.

Tabela 8: Análise da Normalidade (Teste de Kolmogorov-Smirnov) da Escala de Dimensão Causal

One Sample Kolmogorov-Smirnov Test Result	
	CAUSAL DIMENSIONS SCALE
N	236
Kolmogorov-Smirnov Z	1.255
Significance	.086

Os valores médios que os participantes atribuíram ao fator controlo pessoal, ao fator locus de causalidade, ao fator estabilidade e ao fator controlo externo foram de 5,45, 5,48, 5,11 e 5,27, respetivamente.

Quadro 9: Estatísticas descritivas para a escala da dimensão causal

Descriptive Statistics			
Dimensions of Causal Dimension	N	Arithmetic mean	Standard deviation
Personal Control	236	5.45	2.242
Locus of causality	236	5.48	2.158
Stability	236	5.11	2.169
External Control	236	5.27	1.472

4.3. Teste de hipóteses

Todas as hipóteses incluídas na investigação serão testadas nesta parte do estudo. As hipóteses de diferença para o exame das diferenças de forma a serem coerentes com o objetivo da investigação serão testadas por testes de hipóteses paramétricos e testes de hipóteses não paramétricos.

Para testar as primeiras quatro hipóteses desenvolvidas na investigação, os resultados do teste t sobre as diferenças entre os níveis de insucesso e de sucesso dos alunos que participaram na investigação, em termos das suas tendências para as variáveis da dimensão causal, são apresentados no quadro seguinte.

Tabela 10: Tabela de teste T para diferenças entre os níveis de insucesso e sucesso dos alunos que participaram na investigação, em termos das suas tendências para as variáveis da dimensão causal

Causal Dimension Scale		N	Mean	t Value	Significance Value	Mean Difference
Perso nal Contr ol	Failur e	94	4.7447	- 4.881	.000	-1.37973
	Succe s	14 2	6.1244			
Locus of causal ity	Failur e	94	4.5904	- 6.397	.000	-1.77812
	Succe ss	14 2	6.3685			
Stabili ty	Failur e	94	4.8262	- 3.720	.000	-.82165
	Succe ss	14 2	5.6479			
Exter nal Contr ol	Failur e	94	5.3617	2.739	.007	.73258
	Succe ss	14 2	4.6291			

A tentativa de revelar se os níveis de insucesso e sucesso dos alunos, que participaram na investigação, diferem em termos da sua tendência para as variáveis da dimensão causal será feita em termos do teste t de amostras independentes para testar as hipóteses H1, H2, H3 e H4. Assim sendo;

- Os alunos preferiram significativamente utilizar a dimensão do controlo pessoal nos casos de aprovação (média = 6,1244) em comparação com os casos de reprovação (média = 4,7447).

• Os alunos preferiram ainda, de forma significativa, utilizar a dimensão do locus de causalidade nos casos de aprovação (média = 6,3685) em comparação com os casos de reprovação (média = 4,5904)

• Os alunos preferiram ainda, de forma significativa, utilizar a dimensão da estabilidade nos casos de aprovação (média = 5,6479) em comparação com os casos de reprovação (média = 4,8262)

- Os alunos preferiram significativamente utilizar a dimensão de controlo externo nos casos de reprovação (média = 4,6291) em comparação com os casos de aprovação (média = 5,3617).

De acordo com estes resultados, as hipóteses H1, H2, H3 e H4 foram aceites.

Tabela 11: Tabela de Qui-Quadrado para as diferenças nas situações de fracasso e sucesso dos estudantes associados e de graduação que participaram da pesquisa de acordo com os tipos de atribuições

Type of Attribution	Undergraduate	Associate	Total	Pearson Chi-Square
Ability	20	10	30	
Effort	150	90	240	
Difficulty of the job	45	168	213	92.401; p<0.05
Luck	16	44	60	
Total	231	312	543	

De acordo com os resultados da Tabela 11, não foi observada diferença significativa em relação aos tipos de atribuição preferidos pelos alunos de graduação e de pós-graduação nos casos de aprovação e reprovação (92,401; p<0,05).

De acordo com estes resultados, a hipótese H5 foi aceite. Como se depreende da Tabela 11, os estudantes universitários do departamento de gestão empresarial preferem mais os tipos de atribuições como "capacidade" e "esforço" para explicar o insucesso e o sucesso na disciplina "Finanças Empresariais I". Os estudantes associados do curso de gestão de empresas preferiram mais os tipos de atribuições como "dificuldade do trabalho" e "sorte" para explicar o insucesso e o sucesso na disciplina "Gestão Financeira".

Tabela 12: Tabela de Qui-Quadrado para as diferenças nas situações de fracasso e sucesso dos estudantes associados e de graduação que participaram da pesquisa de acordo com os tipos de atribuições que eles deram

Participants	Failure/Successful Situations	Type of Attribution	Frequency	Pearson Chi-Square
Undergraduate	Failure	Ability	4	8.016 p<0.05
		Effort	9	
		Difficulty of the job	6	
		Luck	0	
	Success	Ability	16	
		Effort	66	
		Difficulty of the job	9	
		Luck	4	
Associate	Failure	Ability	5	27.626 p<0.05
		Effort	15	
		Difficulty of the job	46	
		Luck	9	
	Success	Ability	5	
		Effort	30	
		Difficulty of the job	10	
		Luck	2	

Foi também considerado importante determinar se os alunos associados e os alunos de licenciatura diferiam de acordo com os tipos de atribuição que faziam nos casos de aprovação e reprovação nas disciplinas de "Finanças Empresariais I" e "Gestão Financeira". Neste sentido, de acordo com o teste do quadrado efectuado, verificou-se que existe uma diferença estatisticamente significativa entre os tipos de atribuição que os alunos fizeram (capacidade, esforço, dificuldade do trabalho e sorte). (8.016; p<0.05). De acordo com esses resultados, a hipótese H5 foi parcialmente aceita. Assim, os alunos da licenciatura em Gestão de Empresas atribuíram ao "esforço" o maior número de vezes e à "sorte" o menor número de vezes nos casos de reprovação na respectiva disciplina. Os alunos de graduação em administração atribuíram ao "esforço" a maior parte e à "sorte" a menor parte dos casos de aprovação na disciplina.

Foi encontrada uma diferença estatisticamente significativa entre os tipos de atribuição (capacidade, esforço, dificuldade do trabalho e sorte) que os estudantes associados do departamento de administração de empresas deram nos casos de aprovação e reprovação no curso. (27.626; p<0.05). De acordo com estes resultados, a hipótese H5 foi aceite. Os estudantes associados do curso de administração de empresas atribuíram à "dificuldade do trabalho" o máximo e à "habilidade" o mínimo nos casos de reprovação no curso. Os estudantes associados do curso de administração de empresas atribuíram mais ao "esforço" e menos à "sorte" nos casos de aprovação no curso.

Tabela 13: Tabela do Qui-Quadrado para as diferenças nas situações de insucesso e de sucesso dos estudantes associados e dos estudantes de licenciatura que participaram na investigação de acordo com os factores pessoais/factores contextuais

Type of Attribution	Undergraduate	Associate	Total	Pearson Chi-Square
Personal Factors	89	62	151	28.401 p<0.05
Contextual Factors	50	120	170	
Total	139	182	321	

Foi observada uma diferença significativa entre o facto de os estudantes universitários do departamento de administração de empresas preferirem sobretudo os "factores pessoais" para explicar as suas situações de insucesso e aprovação após a nota obtida numa disciplina, em comparação com os estudantes associados, e o facto de os estudantes associados preferirem sobretudo os "factores contextuais" (28,401; p<0,05). De acordo com estes resultados, a hipótese H6 foi aceite. Assim, os estudantes do curso de licenciatura em Gestão de Empresas preferem sobretudo os "factores pessoais" e os estudantes associados preferem sobretudo os "factores contextuais" para explicar as suas situações de insucesso e de aprovação após a nota obtida numa disciplina.

Participants	Failure/ Success Situations	Type of Attribution	Frequency	Pearson Chi-Square
Undergraduate	In Failure	Personal Factors	10	12.205
		Contextual Factors	18	p<0.05
	In Success	Personal Factors	79	
		Contextual Factors	32	
Associatere	In Failure	Personal Factors	20	70.696
		Contextual Factors	110	p<0.05
	In Success	Personal Factors	42	
		Contextual Factors	10	

Foi também determinado se os factores que os alunos da licenciatura em Gestão de Empresas atribuíram nos casos de aprovação e reprovação na disciplina "Finanças Empresariais I" diferiam de acordo com "factores pessoais" e "factores contextuais". Neste sentido, de acordo com o teste do qui-quadrado realizado, existe uma diferença significativa entre as situações de aprovação dos estudantes universitários do departamento de Gestão de Empresas e a atribuição dessas situações a factores pessoais/contextuais (12,205; p<0,05). Os estudantes de licenciatura em Gestão de Empresas preferem maioritariamente os "factores pessoais" para explicar as suas situações de aprovação após a nota que obtêm numa disciplina e preferem maioritariamente os "factores contextuais" para explicar as suas situações de insucesso.

Foi também determinado se os factores que os alunos do curso de Gestão de Empresas atribuíram às situações de aprovação e reprovação na disciplina de "Gestão Financeira" diferiam em função dos "factores pessoais" e dos "factores contextuais". Neste sentido, de acordo com o teste do quadrado realizado, existe uma diferença significativa entre as situações de aprovação dos estudantes do curso de Gestão de Empresas e a atribuição dessas situações a factores pessoais/contextuais (70,696; p<0,05). Os estudantes do curso de Gestão de Empresas preferem maioritariamente os "factores pessoais" para explicar as suas situações de aprovação após a nota que obtêm numa disciplina e preferem maioritariamente os "factores contextuais" para explicar as suas situações de insucesso.

DEBATE E CONCLUSÃO

Recentemente, os pontos de vista cognitivos dos indivíduos começaram a ganhar importância em muitos domínios da vida. Estas abordagens cognitivas foram tratadas em conjunto com variáveis de personalidade e deram aos indivíduos a oportunidade de aprender a "causa" ou a "razão" dos acontecimentos que ocorrem nos seus ambientes sociais. Deste ponto de vista, a "teoria da atribuição", que representa um dos métodos cognitivos, e o estilo de atribuição, que é uma das variáveis de personalidade que os indivíduos utilizam para explicar os sucessos e os fracassos das suas vidas, começaram a atrair a atenção como o indicador mais importante do sucesso académico.

Neste estudo, foi realizada uma investigação para examinar as diferenças nos estilos de atribuição relacionados com o sucesso e o insucesso académicos e para determinar as diferenças nas atribuições que os alunos aprovados e reprovados no programa de pós-graduação em gestão de empresas e os alunos de licenciatura no departamento de gestão de empresas deram ao seu desempenho no curso de gestão financeira. As conclusões obtidas com a investigação produziram resultados significativos e interessantes de forma a confirmar quase todas as hipóteses construídas.

Alguns resultados foram obtidos quando se considerou se os níveis de insucesso e sucesso dos alunos, que participaram na investigação, diferiam em termos das suas tendências para as variáveis da dimensão causal, no que diz respeito ao teste t de amostras independentes para testar as primeiras quatro hipóteses.

Sem discriminação entre licenciados e associados, os estudantes de gestão financeira preferiram, de forma significativa, utilizar a "dimensão de controlo pessoal" nos casos de aprovação. Por outras palavras, os alunos que obtiveram aprovação na disciplina de gestão financeira pensavam que estes desempenhos podiam ser geridos e organizados por eles próprios, e que tinham o poder para esse desempenho. O facto de os alunos que obtiveram sucesso no curso de gestão financeira terem refletido o seu desempenho no sentido da "controlabilidade pessoal" é consistente com os resultados de alguns estudos na literatura. Com efeito, nestes estudos, afirma-se que os estudantes bem sucedidos atribuem o seu sucesso a causas de controlo pessoal e interno (Weiner e Kukla, 1970: 12; Weiner, 1972:212; Cortes-Suarez e Sandiford, 2008:337).

Os estudantes de gestão de empresas, participantes na investigação, preferiram significativamente utilizar a dimensão "locus de causalidade" nos casos de aprovação no curso de gestão financeira em comparação com a reprovação. Assim, os alunos bem-sucedidos viram o sucesso trazido como seu desempenho, sobre si mesmos e como um lado de si mesmos e atribuíram a causa de seu desempenho na direção da "internalidade". Este resultado do estudo é compatível com os estudos que revelam que os estudantes bem sucedidos atribuem maioritariamente o seu sucesso a factores internos, como a capacidade e o esforço, e os estudantes mal sucedidos atribuem maioritariamente o seu desempenho a factores externos (Bernstein et al., 1979:181920; Cortes-Suarez e Sandiford, 2008:336). Estes estudos também salientaram que os estudantes podiam manter uma imagem positiva de si próprios quando atribuíam os seus fracassos a factores externos, como a dificuldade do trabalho. Porque um fator externo, como a dificuldade do trabalho, é um fator que está fora do controlo da pessoa e que se acredita que pode mudar no futuro.

Sem discriminação entre licenciados e associados, os estudantes de gestão de empresas preferiram, de forma significativa, utilizar a "dimensão estabilidade" de acordo com a sua situação de sucesso. Por outras palavras, os estudantes que obtiveram aprovação na disciplina de gestão financeira pensaram que esses desempenhos eram contínuos, estáveis e imutáveis. O facto de os alunos que obtiveram sucesso no curso de gestão financeira reflectirem o seu desempenho no sentido da "estabilidade" é compatível com os resultados de alguns estudos na literatura. Com efeito, nestes estudos concluiu-se que os alunos com sucesso atribuíam o seu sucesso a causas permanentes (Bernstein et al., 1979:1820; Weiner e Kukla, 1970:15; Cortes-Suarez e Sandiford, 2008:336). Concluiu-se nesta investigação que a média da dimensão estabilidade nos casos de sucesso dos estudantes bem-sucedidos representou um aspeto fraco. A natureza única dos estudantes de gestão empresarial que frequentam o curso de gestão financeira pode ser apontada como a causa deste aspeto fraco. Os estudantes de Gestão de Empresas que declararam ter sido bem sucedidos e aprovados no curso classificaram os seus sucessos a meio da dimensão de permanência. Pode dizer-se que esta situação se deveu à falta de confiança que os estudantes de gestão empresarial sentiram nos cursos de gestão financeira ou nas suas experiências académicas anteriores (Cortes-Suarez e Sandiford, 2008:337).

Os estudantes de Gestão de Empresas que reprovaram na disciplina de Gestão Financeira atribuíram a causa do seu insucesso académico a causas não permanentes. Este resultado obtido não é semelhante aos resultados dos estudos na literatura que referem que os estudantes com insucesso explicaram o seu insucesso académico com causas permanentes, imutáveis e contínuas (Bernstein et al., 1979:1820). Nesta investigação, os alunos com insucesso descreveram o seu desempenho como "mudança". Estes resultados corresponderam à estrutura teórica da atribuição. De acordo com Weiner (2010:561), quando os indivíduos atribuem o seu mau desempenho a variáveis em mudança, as suas expectativas sobre o desempenho futuro podem aumentar. Esta situação pode ser uma forte estratégia para os alunos de administração de empresas em cursos em que há uma taxa de sucesso relativamente baixa, como é o caso do curso de gestão financeira.

Os estudantes de gestão de empresas, que foram os participantes na investigação, preferiram significativamente utilizar a "dimensão de controlo externo" nos casos de aprovação no curso de gestão financeira, em comparação com os casos de reprovação. Assim, os estudantes bem sucedidos consideraram que a causa do seu desempenho que lhes trouxe sucesso estava sob o controlo de outras pessoas, estava sob o poder de outras pessoas e podia ser organizada por elas, e atribuíram a causa do seu desempenho à "controlabilidade externa". Por conseguinte, os estudantes de gestão empresarial pensavam que o seu sucesso na disciplina de gestão financeira estava sob o controlo de outros e não deles próprios e que o seu sucesso poderia não continuar no futuro. Este resultado do estudo não foi compatível com os estudos que revelam que os estudantes bem-sucedidos atribuíram o seu sucesso principalmente a factores internos, como a capacidade e o esforço, e os estudantes mal-sucedidos atribuíram o seu desempenho principalmente a factores externos (Asunakutlu e Sahin, 2014:191-203; Cortes-Suarez e Sandiford, 2008:336).

De acordo com outro resultado obtido na investigação, foi observada uma diferença significativa em termos dos tipos de atribuições preferidos pelos estudantes associados e pelos estudantes universitários nos casos de aprovação e reprovação. Assim, os estudantes universitários do departamento de gestão empresarial preferiram ainda mais os tipos de atribuições como "capacidade" e "esforço" ao explicarem o insucesso e o sucesso na disciplina "Finanças Empresariais I". Por conseguinte, os estudantes universitários do departamento de administração de empresas preferiram o aspeto interno e pessoalmente controlável, que também pode ser controlado por outros e não por eles próprios, para explicar as situações de aprovação e reprovação. Os estudantes associados do curso de administração de empresas preferiram ainda os tipos de atribuições como "dificuldade do trabalho" e "sorte" para explicar o insucesso e o sucesso na disciplina "Gestão Financeira". Os estudantes associados procuraram a causa do seu desempenho em factores externos nos casos de aprovação e reprovação no curso e argumentaram que esta situação se desenvolveu fora do seu controlo e foi moldada por outras pessoas e pelo ambiente.

Verificou-se que existe uma diferença estatisticamente significativa entre os tipos de atribuição (capacidade, esforço, dificuldade do trabalho e sorte) atribuídos pelos alunos associados e pelos alunos de licenciatura nos casos de aprovação e reprovação nas disciplinas "Finanças Empresariais I" e "Gestão Financeira". Assim, os alunos da licenciatura em Gestão de Empresas atribuíram ao "esforço", à dificuldade do trabalho" e à "capacidade", respetivamente, e à "sorte" o mínimo nos casos de reprovação. Os alunos da licenciatura em Gestão de Empresas atribuíram maioritariamente o "esforço" e a "capacidade" e menoritariamente a "sorte". Verificou-se uma diferença estatisticamente significativa entre os tipos de atribuição (capacidade, esforço, dificuldade do trabalho e sorte) atribuídos pelos estudantes associados do departamento de administração de empresas nos casos de aprovação e reprovação no curso. Os estudantes associados do curso de administração de empresas atribuíram mais à "dificuldade do trabalho" e menos à "capacidade" nos casos de reprovação no curso. Os estudantes associados do curso de administração de empresas atribuíram o máximo ao "esforço" e o mínimo à "sorte" nos casos de aprovação no curso.

A conclusão relativa ao facto de os estudantes associados e de licenciatura em gestão de empresas atribuírem importância ao fator "esforço" e "capacidade" na explicação dos seus resultados académicos também apoiou os resultados de muitos estudos (Griffin et al., 1983:264; Kizgin e Dalgin, 2012:61-77; Genet' 2013:2228; Cortes-Suarez e Sandiford, 2008:335). Por outras palavras, os estudantes associados e de licenciatura em gestão de empresas que foram considerados bem-sucedidos fizeram uma declaração de forma a dar referências ao quanto estudaram para o exame, enfatizando o "esforço". O "esforço" foi o tipo de atribuição mais frequente dos estudantes de licenciatura em gestão de empresas que reprovaram na disciplina. "Dificuldade do trabalho" e "capacidade" foram a segunda e terceira expressões mais comuns. A "dificuldade do trabalho" e o "esforço" foram os tipos de atribuição mais frequentes dos estudantes de Gestão de Empresas que reprovaram no curso. Assim, os estudantes associados revelaram um esforço insuficiente, factores internos como as deficiências de capacidades e factores externos como a dificuldade do trabalho como causas da reprovação na disciplina de Finanças Empresariais - I. Os estudantes de Gestão de Empresas apresentaram, em primeiro lugar, um fator externo, permanente e não controlável, como a dificuldade do curso, como causa da reprovação na disciplina de Gestão Financeira. O fator interno, como o "esforço", ficou em segundo lugar. Desta forma, optaram por atribuir a responsabilidade do insucesso a outros factores exteriores a si próprios. Este resultado foi também compatível com os estudos que sublinham que a "dificuldade do trabalho" é também uma razão importante para o insucesso dos alunos (Cortes-Suarez e Sandiford, 2008:335).

De acordo com outro resultado interessante obtido na sequência da codificação das expressões abertas obtidas a partir da estrutura única da Escala de Dimensão Causal-II utilizada na investigação, foi observada uma diferença significativa entre o facto de os estudantes universitários do departamento de gestão de empresas preferirem sobretudo os "factores pessoais" para explicar as suas situações de insucesso e aprovação após a obtenção de uma nota num curso, em comparação com os estudantes associados, e o facto de os estudantes associados preferirem sobretudo os "factores contextuais". Assim, os estudantes universitários do departamento de administração de empresas preferem sobretudo os "factores pessoais" e os estudantes associados preferem sobretudo os "factores contextuais" para explicar as suas situações de insucesso e de aprovação após a nota obtida num curso.

Um dos resultados distintivos e notáveis obtidos no estudo e que está relacionado com a experiência de diferenças, mesmo que a socialização seja vivida no mesmo ambiente cultural, no que diz respeito aos aspectos das atribuições causais, foi o facto de os estudantes associados de administração de empresas preferirem sobretudo os factores contextuais para explicar o seu sucesso e insucesso após os resultados do exame final. Por outras palavras, não deram muita importância aos seus comportamentos que revelavam as suas próprias tendências ou disposições pessoais relacionadas com o curso de gestão financeira, mas prestaram mais atenção ao efeito do ambiente, das situações ou do contexto para o sucesso académico. Por outro lado, os estudantes universitários do departamento de gestão empresarial estavam mais dispostos a ignorar os condicionalismos ambientais nas atribuições que preferiam e, por conseguinte, estavam mais expostos ao "erro de atribuição básico" do que os estudantes universitários de gestão empresarial.

As conclusões e os resultados obtidos com esta investigação têm o poder de refletir determinados efeitos, especialmente no ensino da disciplina de gestão (Cortes-Suarez e Sandiford, 2008:342). Em primeiro lugar, o sucesso dos estudantes de licenciatura do departamento de gestão empresarial e dos estudantes associados do programa de gestão empresarial no curso de gestão financeira tem uma influência importante na conclusão do programa e do departamento. Por conseguinte, medir o sucesso e o insucesso das percepções dos estudantes neste curso pode ser utilizado no desenvolvimento de estratégias adicionais que perpetuarão o sucesso e no apoio a este desenvolvimento.

Em segundo lugar, a "Medida da Dimensão Causal-II", tal como muitas outras escalas de atitudes, pode ser um instrumento valioso para os educadores que procuram inspiração na aprendizagem dos alunos e na avaliação do seu desempenho académico. Além disso, a informação obtida a este respeito pode ajudar a compreender como os alunos explicam sistematicamente o seu sucesso e o seu fracasso.

Em terceiro lugar, com base no facto de o ensino empresarial exigir uma perspetiva "multidisciplinar" única e ter um domínio de competência que é apropriado para conhecimentos práticos e teóricos, os estudantes que frequentam um curso com um elevado nível de risco, como a gestão financeira a nível de associado e de licenciatura, podem não ter uma autoconfiança académica para se verem bem sucedidos, mesmo que obtenham uma nota de aprovação. Por conseguinte, a avaliação da atribuição causal e do estilo de atribuição pode fornecer informações valiosas aos estudantes de administração de empresas em cursos com riscos elevados.

REFERÊNCIAS

Asunakutlu, T. e Sahin, T. K. (2014). An Empirical Investigation of Attribution for Success and Failure. **Research Journal of Business and Management - (RJBM),** 1(3), 191-203.

Arkonac, S. A., (1998). **Sosyal Psikoloji,** Birinci Basim, Alfa Yayinlari, Istambul.

Bernstein, W.M., Stephan, W.G. e Davis, M.H. (1979). Explaining Attributions for Achievement: A Path Analytic Approach. **Journal of Personality and Social Psychology,** 37, 1810-1821.

Besimoglu, S., Serdar, H. e Yavuz, S. (2010). Exploring Students' Attributions for Their Success and Failures in English Language Learning. **Hasan Ali Yucel Egitim Fakultesi Dergisi,** Sayi:14, 75-89.

Biddle, S.J.H., Hanrahan, S.J., Sellers, C.N.,(2001).

Atribuições: Past, Present and Future, in R.N. Singer, H.A. Hausenblas, C.M. Janellc (Eds.), **Handbook of Sport Psychology,** Second Edition, (ss. 447-471).

Cortes-Suarez, G. e Sandiford, J.R. (2008). Causal Attributions for Success or Failure of Students in College Algebra [Atribuições causais para o sucesso ou fracasso dos alunos em álgebra universitária]. **Community College Journal of Research and Practice,** 32(4-6), 325-346.

Duda, J.L., Treasure, D.C., (2001). Em direção a um Motivation in Sport: Fostering Athletes' Competence and Sense of Control, em J.M. Williams (Ed.), **Applied Sport Psychology: Personal Growth to Peak Performance,** 4th Ed., Mountain View: CA; Mayfield Publishing, EUA, (pp.).

Feeny, K., Wang, Q., (2010). Success Through a Cultural Lens: Perceptions, Motivations and Attributions, **China Media Research,** Vol. 6, No. 2, (ss. 56-66).

Folks, V. S., (1988). Investigação Recente sobre Atribuição em Consumer Behavior: A Review and Diretions, **Journal of Consumer Research,** Vol. 14, (ss. 548-565).

Foll, D., Rascle, O., Higgins, N. C., (2006). Persistência numa tarefa de colocação durante o fracasso percebido: Influence of StateAttributions and Attributional Style. **Applied Psychology: An International Review,** Vol. 55, Issue. 4, (ss. 586-605).

Greimel-Fuhrmann, B. (2015). Atribuições causais de desempenho de teste em contabilidade. **Revista Internacional para Assuntos Transdisciplinares em Educação (IJCDSE),** 6(3), 2283-2286.

Griffin, B.Q., Combs, A.L., Land, M.L., e Combs, N.N. (1983). Atribuição de sucesso e fracasso no desempenho universitário. **The Journalof Psychology (Interdisciplinar e Aplicada), 14(2), 259-266.**

Gulveren, H. (1996). **The Reason the Which Sophomores Attribute Their Failure and Success in Math Class** . Tese de Mestrado não publicada, Ankara: Universidade de Hacettepe, Instituto de Ciências Sociais.

Hanrahan, S., (1995). Teoria da Atribuição, no **Desporto**
Psicologia: Theory, Aplications and Issues, (Ed.), T. Morris, J. Summer, Wiley Sons Inc., USA.

KagitQiba§i, Q., (2006). **Yeni insan ve insanlar**.

Kizgin, Y. e Dalgin, T. (2012). Atfetme Teorisi: Ogrencilerin Basari ve Basarisizliklarini Degerlendirmede Atfetme Farkliliklari. **ZKU Sosyal Bilimler Dergisi**, 8(15), 61-77.

Manusov, V. e Spitzberg, B. (2008). Attribution Theory: Finding good Cause in the Search for Theory. Em L.A. Baxter & D.O. Braithwaite (Eds.), **Engaging Theories in Interpersonal Communication: Multiple Perspectives**, pp. 37-49. Thousand Oaks: Sage.

Mijs, J.J.B. (2016). Educational Stratification and Students' Attributions of Their Mathematics Performance in 24 Countries [Estratificação Educacional e Atribuições dos Alunos ao seu Desempenho em Matemática em 24 Países]. **Sociologia da Educação**, 89(2),

Putnam, R.R. (1985). **Atribuição de Potencial de Alto Risco Estudantes universitários**. Dissertação de doutoramento não publicada, Texas A & M University, Texas (UMI No: 8528369).

Rees, T., Ingledew, D. K., Hardy, L., (2005). Attribution in Sport Psychology: Seeking Congruence Between Theory, Research and Practice, **Psychology of Sport and Exercise**, Vol. 6, (ss.189-204).

Shermerhon, J. R., Hunt, J. G., Osborn, R. N., (1997). **Organizational Behaviour**, 4th Edition, John Wiley & Sons Inc., New York, Toronto, USA.

Sucuoglu, H. (2014). Validade de construção da escala de atribuição de sucesso / fracasso entre estudantes universitários turcos. **Academic Journals**, 9(11), 326-339.

Vallerand, R. J., Blanchard, C.M., (2000). The Study of Emotion in Sport and Exercise: Historical, Definitional and Conceptual Perspectives, in **Emotions in Sport,** Y.L. Hanin (Ed.), Champaign, IL: Human Kinetics, USA, (pp. 3-37).

Weiner, B. (1972). Attribution Theory, Achievement Motivation and the Educational Process. **Review of Educational Research**, 42(2), 203-215.

Weiner, B. (1977). Attribution and Affect: Comments on Sohn's Critigue. **Journal of Educational Psychology**, 69(5), 506-511.

Weiner, B. (1979). A Theory of Motivation for Some Classroom Experiences (Uma teoria da motivação para algumas experiências na sala de aula). **Journal of Educational Psychology**, 73(1), 3-15.

Weiner, B. (1985). An Attribution Theory of Achievement Motivation and Emotion. **Psychological Review**, 92(4), 548-573.

Weiner, B. (2008). Reflections on the History of Attribution Theory and Research: People, Personalities, Publications, Problems. **Social Psychology**, 39(3), 151-156.

Weiner, B. (2010a). The Development of an AttributionBased Theory of Motivation: A History of Ideas. **Psicologia da Educação**, 45(1), 28-36.

Weiner, B. (2010b). Attribution Theory (Teoria da Atribuição). **Enciclopédia Internacional de Educação**, 6, 558-563.

Weiner, B. e Kukla, A. (1970). An Attributional Analysis of Achievement Motivation (Uma Análise Atribucional da Motivação para a Realização). **Journal of Personality and Social Psychology**, 15, 1-20.

Printed by Books on Demand GmbH, Norderstedt / Germany